PERNETTE DU GUILLET

L'Heureuse Renaissante
Miracle de l'Amour, de la Lumière et de la Poésie

Personne ne peut voir le Royaume de Dieu
S'il ne renaît d'abord par l'Esprit

Jean, Ch. 3 V. 5

Paul ARDOUIN

PERNETTE DU GUILLET

L'Heureuse Renaissante
Miracle de l'Amour,
de la Lumière et de la Poésie

La nuict estoit pour moy si tresobscure
Que Terre, et Ciel elle m'obscurissoit,
Tant qu'à Midy de discerner figure
N'avois pouvoir, qui fort me marissoit :
  Mais quand je vis que l'aulbe apparoissoit
En couleurs mille et diverse, et seraine,
Je me trouvay de liesse si pleine
(Voyant desjà la clarté à la ronde)
Que commençay louer à voix hautaine
Celuy qui fut pour moy ce jour au Monde.

Epig. II

Légende de la figure de couverture :

Portrait « imaginaire » de Pernette du Guillet, assise devant son écritoire et contemplant une statuette de l'Amour. Cette composition de M.P. Revoil (Lyon, Bibl. de la ville - n° 116198) figure en frontispice dans une édition de L. Perrin, Lyon 1830, in 8°, 140 p.

TRAVAUX DU MÊME AUTEUR

Loin du feu de mon village (recueil de poèmes 1957 — chez l'auteur).

L'origine de l'homme (essai d'interprétation — Expansion 1959).

L'avenir de l'homme à travers la pensée de Teilhard de Chardin — Expansion Edit. 1961.

Propos sur P. Ronsard — Expansion 1962.

Propos sur un voyage en Grèce — Expansion 1961.

Ambroise Paré devant la maladie de François II — Expansion 1965.

Hommage à la jeunesse — Expansion 1965, préface de René Maheu, directeur général de l'UNESCO.

Ambroise Paré devant les médecins de l'Antiquité — Expansion 1966.

André Vésale, créateur de la science et de l'art anatomique — Expansion 1966, préface de Pierre Mesnard, membre de l'Institut.

Honoré de Balzac et le nouveau roman — Expansion 1968.

Le symbolisme de l'eau dans la Renaissance française et dans la poésie baroque — Histoire de la Médecine, Paris, 1970.

Georges Cuvier, promoteur de l'idée évolutionniste, et créateur de la biologie moderne — Expansion 1970. Préface du professeur Piveteau, membre de l'Institut.

Le jeu et les rêves — Expansion 1972.

Maurice Scève, prince des lumières, virtuose du regard, fils de l'aurore (Essai d'une psychanalyse de la lumière) avec préface du recteur Gérald Antoine. Ouvrage couronné par l'Académie Française. Prix Charles Blanc 1976 — Expansion Edit.

Maurice Scève, Pernette du Guillet, Louise Labé. L'amour à Lyon, au temps de la Renaissance. A.G. Nizet, Paris, 1981. Ouvrage couronné par l'Académie Française. Prix Mgr Marcel 1981.

La Délie de Maurice Scève et ses cinquante emblèmes, ou les Noces Secrètes de la poésie et du signe. A.G. Nizet, Paris, 1983. Ouvrage couronné par l'Académie Française. Prix Mgr Marcel 1983.

Devises et Emblèmes d'amour dans la Délie de Maurice Scève — Les Noces d'or de l'image et du verbe. A.G. Nizet, Paris, 1987.

Maurice Scève, le Psalmiste : « Les flammes ardentes ». Un amour passionné. L'espérance dans la lumière. A.G. Nizet, Paris, 1988.

La Délie de Maurice Scève. Une œuvre d'Evangile. A.G. Nizet, Paris, 1990.

A la mémoire de ma mère Marie Rey

Mais moi placé dessous la sauvegarde
De cette tienne et unique lumière

24e dizain

Pour Madeleine

Des yeux auxquels s'enniche le Soleil.

Pour Natacha,
Pour Alice,
Pour Lucie

Rayon divin es-tu l'Aurore
D'un jour qui ne doit pas finir ?

FIG. 1. — Jeune femme de la haute société, début du XVIe siècle. Détail de la Dame à la licorne, tapisserie du Musée de Cluny. Parmi tous les portraits « imaginaires » de Pernette du Guillet, cette reproduction nous semble le mieux résumer les sentiments de dignité, d'inquiétude secrète et de pudeur naturelle, qui transparaissent à la lecture de ses *Rymes*.

AVANT-PROPOS

L'œuvre de Pernette du Guillet ne peut être comprise que si on envisage la jeune poétesse dans ses rapports avec son maître et ami Maurice Scève. Il y eut à Lyon, dans la première moitié du XVIe siècle, une école poétique dont Maurice Scève fut le chef incontesté. A côté de Pernette du Guillet, on doit signaler la présence de Louise Labé qui d'une certaine manière peut être considérée, elle aussi, comme « une élève » de Maurice Scève.

Le grand sujet des poètes de cette époque était l'amour vu à travers la pensée philosophique de Platon et selon un mode littéraire introduit par Pétrarque. Entre 1525 et 1555, Maurice Scève, Pernette du Guillet et Louise Labé furent les grands précurseurs d'un art poétique inspiré par les joies et les tourments de l'amour et par son mystérieux pouvoir d'ascension de l'être vers le ciel d'une autre lumière.

N'étant pas poétesse de vocation, l'admiration à l'égard de son maître n'aurait pas suffi à Pernette pour écrire ses « *Rymes* ». Son amour pour Scève nous paraît nécessaire et il nous appartient de mettre en lumière la nature exacte de cet amour dont nous avons cru saisir l'acmé, au cours d'une rêverie faite par la jeune femme : « *tout au plus près de la claire fontaine* ».

Nous placerons donc les amours limpides et miroitants de notre héroïne sous le signe de l'eau et nous décrirons l'ensemble de son œuvre sous le titre suivant :

Les rêves et les sortilèges de l'eau amoureuse

Vu sous cet aspect, il existe pour chacun de nos trois poètes un caractère spécifique de leur amour. La lumière chez Maurice Scève, le feu pour Louise Labé et l'eau chez Pernette du Guillet.
Tout ruisseau prend sa source en un point déterminé du globe, s'épanouit ensuite sous la forme d'une rivière, puis d'un fleuve qui se jette dans la mer. Il en est de même pour l'amour.

N'aperçois-tu de l'Occident le Rhône
Se détourner, et vers Midi courir,
Pour seulement se conjoindre à sa Saône
Jusqu'à leur Mer, où tous deux vont mourir ?

346e diz.

Le fait le plus important dans l'aventure de Pernette du Guillet est que sa participation active aux *aspirations spirituelles* de Maurice Scève lui permit de naître à une nouvelle vie. Ce fut vraiment pour elle une *Vita Nova*. Dans son étude sur Pernette du Guillet, Mme Winn désigne la jeune poétesse sous le seul qualificatif qui lui convient parfaitement : elle l'appelle : la nouvelle née (« Le Chant de la nouvelle née », par Mme Colette Winn, Université de St Louis - USA). Il s'agit bien en effet de la part de Pernette d'une naissance à une vie nouvelle grâce à une certaine lumière que lui apportait Maurice Scève : le soleil de l'amour, l'éblouissement de la connaissance et les éclairs de la poésie.

CHAPITRE I

LA VIE ET L'ŒUVRE DE PERNETTE DU GUILLET (1520-1545)

Il est certain que Pernette du Guillet, née aux environs de 1520, a reçu, comme ses compagnes de la Société lyonnaise, une éducation digne de son rang. Sa vie est mal connue. Elle est décrite très succinctement dans la lettre liminaire de ses *Rymes*, rédigée par son éditeur Antoine du Moulin qui invite les dames lyonnaises à suivre les traces de « *cette vertueuse, gentille et toute spirituelle Dame, Pernette du Guillet* ». La plupart de ses biographes ont répété la même formule : « Pernette jouait parfaitement du luth et de tous les instruments de musique, mais encore elle était experte dans l'art des Belles Lettres. Elle parlait couramment les langues italienne et espagnole, connaissait le latin et un peu le grec ». On découvre peu de choses dans les articles de La Croix du Maine, et de Verdier, de Gouget et de Colletet. Leur texte est repris intégralement dans les éditions de 1830 (Louis Perrin), de 1856 (J.B. Monfalcon) et de 1864. On lira avec profit l'étude fondamentale de V.L. Saulnier[1].

En 1538, Pernette épouse le sieur du Guillet, « dolent mari » dont le seul mérite est d'avoir permis la publication posthume des vers de sa femme en 1545. La beauté et le talent de Pernette s'épanouirent pendant l'époque heureuse de la Renaissance lyonnaise, où fleurissaient les réunions mondaines et savantes. Tant de grâce et de qualités de l'esprit disparurent prématurément. Pernette mourut, au cours d'une épidémie de peste, le 17 juillet 1545. Elle avait vingt-cinq ans.

Elle était blonde « *de corps très belle et d'âme bellissime* » (Délie, 424e dizain). Tous les commentateurs s'accordent à louer sa beauté, son affabilité, sa modestie, ainsi que la rigueur de ses mœurs. Comme elle ne manquait pas de susciter des jalousies, elle fut soupçonnée de libertinage par un seul de ses critiques, Claude Rubys. Dans son *Histoire de la ville de Lyon*, il prétendit que Pernette était une « *insigne courtisane* ». Mais l'on sait, à propos de Louise Labé, que ce même Claude Rubys était un coutumier de la médisance. Plus récemment, A. Baur[2] voulant suivre la mode du jour, qualifia Pernette du terme équivoque de « *Cortegiana onesta* », expression d'un goût douteux, que l'on voulut plus tard inscrire en lettres de feu sur le blason de la Belle Cordière.

A un moment donné de ses relations avec Maurice Scève, des calomnies furent propagées sur la vertu de Pernette qui se révolta vertement. Elle répondit par une chanson d'allure polémique, mais composée d'une façon charmante, dans une belle envolée littéraire[3]. Nous suivrons volontiers l'opinion de V.L. Saulnier qui suppose que Pernette n'a « *probablement jamais trompé son mari* »[4].

Deux ans environ avant son mariage, Pernette rencontra, au printemps de 1536, un poète lyonnais déjà auréolé de gloire : Maurice Scève. Dès cet instant, Pernette va se trouver métamorphosée. Sa vie va prendre un sens nouveau marqué par la soif de connaissance et le désir de spiritualité. Il est probable que la jeune fille fut présentée en tant qu'élève à Maurice Scève, homme éminent, réputé par sa science en toutes choses. Mais voici que, dès son premier regard, notre poète, comme saisi par la foudre, tomba amoureux de sa jeune élève. « *Au premier œil, mon âme l'adora* » — avoua-t-il dès le 2e dizain. Cette rencontre changea le destin de nos deux amants et l'avenir de la poésie française. Maurice Scève devait écrire sa *Délie*, tandis que Pernette, attirée par la séduction de l'art poétique, traduisit en « *Rymes* » l'évolution de sa vie sentimentale et spirituelle.

Par la lecture de *Flamette*, nous savons que notre héros avait aimé d'autres femmes avant Pernette : « *Ayant reconnu tempestueuse fortune et comme bon expert marinier en la naufrageuse mer d'amour et échappé quand fut d'icelle* ». Il est probable également qu'au cours de son aventure avec Pernette, Scève ait cédé au charme d'autres dames moins rigoureuses que Délie. Toutefois on peut affirmer que le grand amour de Maurice Scève fut Pernette du Guillet, même si dans certains dizains, le poète sublimant les accents de sa lyre, décrit à travers les images de son adoration pour Pernette, le visage et les mirages de l'amour idéal. Depuis le travail de Buche[5], aucun critique ne met plus en litige l'identification de Délie et de Pernette du Guillet. Au demeurant, il existe, dans la poésie de Pernette, un nombre suffisant de vers qui désignent nommément Maurice Scève comme étant le « divin poète » à qui elle a voué sa destinée[6]. De même, les dizains de Scève foisonnent de détails précis qui n'autorisent aucun doute sur l'identité terrestre et lyonnaise de Délie. Si nous ne possédons pas de renseignements exacts sur la propre vie de Pernette, au moins pouvons-nous — grâce à la lecture de la *Délie* et des *Rymes* — reconstituer certains événements qui ont marqué sa liaison avec Maurice Scève.

C'est ainsi qu'on nous laisse entrevoir le climat des premières rencontres au cours desquelles Maurice Scève écoutait chanter Pernette jouant du luth. Parfois, le poète lisait des vers à sa jeune amie, en lui dévoilant les secrets de son art. Ainsi se noua une amitié pure qui se transforma bientôt de la part de Scève en un ardent désir, tandis que Pernette, pâmée d'admiration, se laissa bercer par un sentiment qui lui était jusque-là inconnu, l'exaltation amoureuse à travers les merveilles de la science et de la beauté des images poétiques.

Le mariage de Pernette, vers 1538, n'arrangea pas les choses, Maurice Scève se fâcha et le fit savoir. Le plus souvent, Délie exhorta son poète à la chasteté, voire à la patience. Parfois cependant, usant de coquetterie, elle joua, avec l'amour de Scève « *lui promettant plus qu'il n'osait l'espérer* » (*Délie*, 133e dizain). Elle alla même jusqu'à lui laisser entrevoir le bonheur, Epig. XIX.

Je te promis au soir, que pour ce jour
Je m'en irois à ton instance grande
Faire chés toy quelque peu de sejour :

Toutes ces péripéties apparaissent en clair dans les dizains de Scève et dans les réponses de Pernette qui devient ainsi, suivant la juste expression de Saulnier, la « *correspondante historique* » du poète. A l'orage de ces disputes succéda le calme limpide des promenades champêtres. Pernette, qui n'aime pas son mari[7], « sort » souvent avec Maurice Scève. Les deux amants se promènent longuement dans les bois environnant Lyon[8]. Certain jour, ils assistent à une joute de batelier, sur le Rhône[9], et au printemps, ils vont voir pêcher les aloses[10]. Désirant conserver sur la toile le visage de sa maîtresse, Scève demande au peintre florentin Benedetto dal Bene, de réaliser le portrait de Pernette[11].

A ces périodes de bonheur platonique, entrecoupées de fréquentes et véhémentes admonestations du poète qui réclame sans cesse son « *mercy* », surviennent des moments de discordes plus acerbes de la part de chacun des deux amants. Pernette qui s'est piquée au jeu de la jalousie, reproche à Scève d'avoir d'autres amours, tandis que notre héros, prêtant l'oreille à quelques propos calomnieux, avertit fermement sa jeune amie qu'il supporterait mal de pareilles incartades. Ainsi se poursuivent, d'une manière oscillante et sinueuse, la vie et le dialogue d'amour de nos deux amants. Ces événements s'inscrivent, dans la *Délie*, sous la forme d'épisodes emblématiques soulignés par l'enchantement d'une poésie de la répétition progressivement miroitante. Les plus beaux romans d'amour réclament une fin et une conclusion. Pour avoir commis une faute impardonnable, qu'il nous laisse ignorer mais que nous pouvons deviner (par exemple, trop d'insistance dans sa démarche amoureuse), Maurice Scève dut se résigner à quitter Lyon pour une résidence voisine de la ville. Les derniers dizains de la *Délie* exhalent la douleur du poète qui retrouva cependant, dans la grandeur de la solitude, ses images les plus émouvantes et ses accents les plus pathétiques, avec l'espoir de parvenir, avec son idole et grâce à l'épreuve de son amour, vers le ciel de l'immortalité.

CHAPITRE II

PRÉSENTATION ET AGENCEMENT DES « RYMES »

QUELQUES mois après la mort de notre jeune poétesse, paraissait chez Jean de Tournes, un petit livre in-8° de 80 pages sous le titre de « *Rymes de gentille et vertueuse dame Pernette du Guillet lyonnaise* ». Dans sa lettre liminaire datée du 14 août 1545, l'imprimeur Antoine du Moulin déplore la mort d'une si jeune personne dont il évoque le talent et les vertus. Il exhorte les dames lyonnaises à se montrer dignes de leur illustre compagne, afin de démontrer au monde littéraire l'excellence de la culture féminine de leur ville qui « *n'avait rien à envier à son homologue italienne* ».

Dans son épître[12], du Moulin raconte comment il avait été autorisé par le « dolent mari » de Pernette, à rechercher dans les tiroirs et les effets de la jeune disparue « *ce petit amas de rymes... et autres diverses matières de divers lieux et plusieurs papiers confusément extraits* ». L'ensemble de ces poèmes avait été découvert « *parmi les brouillards en assez pure ordre, comme celle qui n'estimait sa facture être encore digne de lumière jusqu'à ce que le temps la lui eut par fréquente estude et étendue et limée* ». Ces citations sont importantes, car il s'agissait de toute évidence, de manuscrits à l'état de « *brouillons* » que Pernette, surprise par la mort, n'a pas eu le temps de revoir ni de corriger, ni surtout de classer.

Ce texte originel a été recopié à l'état brut par Antoine du Moulin qui a tenté de lui donner un ordre logique, mais qui ne correspond probablement pas à celui que Pernette lui eut donné. Ultérieurement, les éditeurs successifs ont établi une classification en chansons, épigrammes, élégies, dizains et huitains. Plus récemment, V.L. Saulnier, dans un travail remarquable par son érudition et sa précision, a proposé une classification en quatre catégories : *Epigrammes* (quatrains, huitains, dizains), *Chansons, Epitres et Elégies*. Il a ensuite numéroté les poèmes suivant leur genre en gardant l'ordre de l'édition originale de 1545. Cette ligne de conduite a été adoptée récemment (en 1968) par Victor E. Graham dans l'ouvrage qu'il a publié chez Droz et Minard. Chaque variété de poème est indiquée par un numéro (disposé entre parenthèses) et c'est ce chiffre de référence que nous avons adopté dans chacune de nos citations.

En ce qui concerne la présentation même du texte de Pernette, nous avons respecté très sensiblement l'orthographe de l'œuvre originale avec quelques variantes généralement admises par les commentateurs les plus récents. En 1547, Jean de Tournes publia une édition accompagnée d'épitaphes, dont deux de Maurice Scève. Le lecteur, sensibilisé par l'intensité de l'amour de Scève pour Délie, s'explique mal la passivité relative du poète devant la mort de Pernette, suivie de si près par la publication de ses *Rymes*. Mais il semble que la pudeur d'une telle attitude soit préférable.

CHAPITRE III

LA SIGNIFICATION SYMBOLIQUE DE L'EAU DANS L'ŒUVRE POÉTIQUE DE PERNETTE DU GUILLET

L'eau, source de vie et de rêves

Fraîche et claire est la chanson de la rivière,
Le bruit des eaux prend tout naturellement
les métaphores de la fraîcheur et de la clarté,
Les eaux riantes, les ruisseaux ironiques,
les cascades à la gaieté bruyante se retrouvent
dans les paysages littéraires les plus variés.
Ces rires, ces gazouillis sont, semble-t-il, le
langage puéril de la nature. Dans le ruisseau
parle la nature enfant.

(G. Bachelard, *L'eau et les rêves*, José Corti, 1942, p. 4)

OBJET liquide et miroitant, la fonction de l'eau est de *recevoir la lumière du jour* et de créer des images et des mirages. Pour l'être humain, l'eau est à la fois un souvenir et une présence. Pour le poète, l'eau est un symbole.

Chacun d'entre nous a construit son enfance à travers une vision embellie de la nature, où l'eau lui apparaissait comme une source de clarté, d'apaisement, d'harmonie entre le ciel et la terre, de pureté, d'éternité, d'illusion et de bonheur. Nous avons tous dormi sur les bords de notre rivière natale, puis tout au long de notre vie d'homme, nous avons souvent « revécu », en songe, certains paysages de notre jeunesse, illuminés par le miroitement d'une eau tranquille ou sauvage : l'eau profonde et mystérieuse des grands lacs, l'eau cascadante des hautes cimes, l'eau légère et chantante des ruisseaux de montagne, l'eau tumultueuse des grands fleuves, et l'eau majestueuse de la mer où se réfléchit le visage du monde et où se noient notre regard et nos pensées. La nature construit parfois ses modèles en se divertissant à la manière d'un grand peintre, et il est vrai que certains sites surgissent devant nous avec la grâce spontanée d'un chef-d'œuvre. Mais que dire lorsque notre regard est frappé par la vue de l'eau. Dans notre cœur, nous applaudissons l'entrée en scène d'un grand artiste sur le théâtre de la vie, et notre soif de lumière s'accompagne d'un sentiment de plénitude, hanté de rêves étonnants, avec l'espoir d'une joie confuse et qui ne demande qu'à s'épanouir. « *Dès qu'on se livre entièrement au règne de l'imagination,* écrit Gaston Bachelard, *avec toutes les forces réunies du rêve et de la contemplation, on comprend la profondeur de la pensée de Paul Claudel : L'eau est l'œil de la terre, l'appareil à regarder la clarté du jour* »[13] (G. Bachelard, *loc. cit.*, p. 45).

Pernette du Guillet et la limpidité de l'eau : L'image d'une offrande sensuelle et mystique

Ah ! belle eau vive, fille du rocher
Qui fuit toujours pour ma peine fatale
Ne souffre plus que je sois un Tentale
Laisse ma soif en tes eaux s'étancher.

Pierre de Ronsard

Bien que Louise Labé fasse partie de la même famille littéraire dominée par le génie de Scève, Pernette du Guillet occupe dans ce cercle une position singulière, étant donné les relations privilégiées qui l'unissaient à Maurice Scève. Entre ces deux amants se joua une partie inégale. Scève n'était pas très beau, mais il avait pour lui l'éclat de son regard, le prestige de la science, la séduction de l'éloquence et l'auréole d'une jeune gloire poétique. Quant à Pernette, parée de la grâce de ses 16 ans, elle fut éblouie par l'étonnante érudition de son maître, dans tous les domaines. Elle tomba amoureuse de son poète, mais ce fut, d'abord et surtout, un amour « spirituel », comme elle nous le confie dans sa XVIIe épigramme :

Je suis tant bien que je ne le puis dire
Ayant sondé son amitié profonde
Par sa vertu qui à l'aimer m'attire
Plus que beauté, car sa grâce et faconde
Me font cuider la première du monde.

Ainsi Pernette du Guillet se considérait-elle comme prédestinée à recevoir, de la part de son maître, l'illumination de l'esprit. Puis progressivement, à ce sentiment très pur d'admiration juvénile, se surajouta l'aiguillon léger du désir qui caressa son âme sans la pénétrer, comme le galet rapide se joue de l'eau du lac qu'il parcourt joyeusement en surface.

L'eau virginale du lac et les rayons fécondants de l'aurore : la journée séduite par la lumière du jour

Sous le cristal d'une argentine rive,
Au mois d'Avril une perle je vis
Dont la beauté m'a tellement ravi
Qu'en mon esprit, autre pensée n'arrive.

Ronsard

Les relations mondaines de Pernette étaient insuffisantes à remplir le temps de ses journées, et à assouvir son désir de connaissance. Pernette était avide de clarté, et le visage de son poète lui apparaissait, au cours de leurs conversations, comme nimbé de lumière. En écoutant les propos de Maurice Scève, Pernette se sentait, à chaque fois, renaître à une nouvelle vie : pour elle, « *les ténèbres de la nuit cessaient d'être obscures* ». D'instinct, un mot vint sur les lèvres de la jeune fille, pour signifier son admiration quasi religieuse à « *celui qui fut pour elle la lumière du monde* ». Elle l'appela « *mon Jour* ». Tandis qu'utilisant pour elle-même une expression féminine au double sens de réceptivité spirituelle et sensuelle, elle s'identifiait à la *Journée*, terme abstrait signifiant la vacuité mélancolique et la fragile indolence de son existence de jeune femme. C'est ainsi que Pernette se dévoile dans une de ces chansons dédiée à Maurice Scève (chanson IX) (voir ci-après, fig. 3).

FIG. 3. — *La mélancolie*, par Lagrenée, musée du Louvre.

« La nuit était obscure, triste et sombre
Toute tranquille, et prête à maléfice
Mais mon esprit très prompt à mon office,
Ne permettait au corps, de sommeiller. »
P. d. G. Elégie III.

Je suis la Journée
Vous ami, le Jour
Qui m'a détournée
De fâcheux séjours. D'aimer la nuit, certes je ne veux point
Pour ce qu'à vice elle vient tout appoint.
Mais à vous toute être
Certes je veux bien
Pour ce qu'en votre être
Ne git que tout bien.

Pernette est donc la journée qui s'offre à la lumière du jour dont elle espère l'insigne révélation. Mais elle est aussi l'eau dormante, miroitante ou ruisselante ; elle est l'eau du lac ou de la rivière, tandis que Maurice Scève, lui est le *jour*. Il est le soleil qui brille, qui illumine, qui éblouit, qui pénètre et qui féconde. Il y a dans cet aveu spontané de la jeune poétesse lyonnaise, l'image d'une offrande à la fois sensuelle et mystique ; comme si la féminité de Pernette était offerte ingénument à la virilité de Scève, de même que l'eau du lac offre généreusement sa virginité aux premiers rayons du soleil. Ainsi, complice de sa limpidité, transparaît, chez notre héroïne, le frisson léger du désir associé à une volonté d'union spirituelle (voir fig. 3).

Toute la première partie des *Rymes* de notre poétesse résonne de ce témoignage d'admiration et d'adoration. Pernette chante la naissance de son amour, avec la candeur naïve, l'élégance, mais aussi l'application et la grâce poétique des cours d'eau frémissants de la campagne lyonnaise, dont le frais murmure n'exclut pas la conscience de leur avenir grandissant. Pernette n'est pas encore tout à fait devenue Délie, mais les eaux ruisselantes de son jeune amour ne sauraient tarder à gonfler de leurs bondissements le lit profond et mystérieux de la Saône.

PERNETTE DU GUILLET
ET LES GRANDS THÈMES DE L'EAU

Reflet de la lumière du jour;
miroir de la réflexion;
objet de purification;
pouvoir de régénérescence et de résurrection.

Si l'eau nous apparaît comme le reflet symbolique des vertus de Pernette du Guillet, c'est que, dans la multiplicité de ses fonctions, l'eau représente l'infinité des possibles. Elle contient virtuellement toutes les promesses d'un futur développement. S'immerger dans l'eau, c'est revenir aux sources de la vie pour se métamorphoser, et y puiser une force nouvelle. Le *Rig Veda* exalte ainsi le pouvoir spirituel de l'élément liquide[14] :

Vous les Eaux, puissant réconfort,
Apportez-nous la force,
La grandeur, la joie et la vie
Et qu'ainsi je contemple le soleil!

L'eau, reflet de la lumière du jour

Malgré la diversité de leur expression amoureuse, les deux « écolières » de Maurice Scève se rejoignent dans leur soif de connaissance. Comme plus tard Louise Labé, Pernette ne concevait l'existence qu'animée par le flambeau des manifestations de l'esprit : lecture des auteurs anciens et modernes, accès aux découvertes de la science, ouverture aux joies du rythme et de l'harmonie dispensées par la pratique de la musique, enfin participation active aux nouvelles doctrines « phylosophiques » venues de l'académie néo-platonicienne de Florence. Tout cela n'empêchait pas les soins accordés au corps et au visage, ni même une coquetterie de bon aloi propice à recueillir l'hommage de l'amour.

Plus tard, dans sa solitude, Louise Labé sera confrontée à l'ensemble de ces problèmes, et, si elle devint sa propre libératrice, elle y fut aidée par son étonnante personnalité et par un certain nombre de circonstances favorables. Si elle participa brillamment à l'illustration de la Renaissance lyonnaise, elle le dut, en partie, aux entrevues amicales qu'elle eut avec Maurice Scève. Pour une jeune femme lyonnaise passionnée d'amour et de poésie, il était difficile, entre les années 1544 et 1555, de se soustraire à la dictature littéraire de l'auteur de *Délie.* A plus forte raison lorsque des liens de courtoisie régnaient entre la dame et Maurice Scève. Il apparaît que Louise, tout en se distinguant par l'originalité de son talent, resta marquée par la lecture de la *Délie.*

Tout est différent en ce qui concerne Pernette du Guillet, et l'on pourrait presque imaginer que notre poétesse n'a existé et persisté dans la mémoire des hommes, que grâce au rayonnement spirituel dont l'a inondée Maurice Scève. Paraphrasant le célèbre vers du 376e dizain de la *Délie*, Pernette aurait pu dire, s'adressant à son amant :

« *Tu es l'esprit, Maître, et je suis ton ombre* ».

Il existe dans les « *Amours* » de Ronsard, un poème d'inspiration baroque. Apercevant sa jeune maîtresse Marie, disparaître emportée sur une barque voguant sur les eaux de la Loire, Ronsard s'imagina soudain métamorphosé en eau, capable ainsi d'épouser la forme de la barque, et grâce à ce subterfuge, d'enserrer amoureusement Marie dans ses bras. En ce qui concerne Pernette du Guillet, son rêve d'eau amoureuse est un rêve de source vive et de lumière. Epousant la limpidité, la fluidité et la plasticité de l'élément liquide, c'est ainsi qu'elle voit son intellect recevant l'éblouissante clarté de son « *Jour* » dans un sentiment de ferveur platonicienne où l'émoi de ses sens n'interviendrait que pour sceller le souhait d'un mariage spirituel. La plupart des « *Rymes* » de notre héroïne retentissent des clameurs des épousailles mystiques des « eaux dolentes » de Pernette, séduites par les rayons flamboyants du « soleil » scévien. Merveilleux symbole de l'union des contraires. La deuxième épigramme donne le ton des aveux de Pernette :

La nuit était pour moi si très obscure
Que terre et ciel elle m'obscurcissait.

(voir la IIe épigramme). Mais il faudrait ajouter la IIIe épigramme :

Ce grand renom de ton mêlé savoir
Démontre bien que tu es l'excellence.

Dans la quatrième épigramme, Scève, « *Esprit céleste et des Dieux transformé en corps mortel* », est comparé à Apollon « *Pour la vertu dont tu es la source et l'onde* ». Et nous voyons apparaître, dans la limpidité de ces termes, le symbolisme de l'eau, en tant que foyer de vie et de lumière. Toujours avide de plus haute connaissance, Pernette réclame la présence de son poète afin

D'entendre, de voir pour nouvelle ordonnance
Ton haut savoir qui m'accroit l'espérance
Des cieux promise, ainsi que je me fonde,
Que me fera avoir la connaissance
De ton esprit qui ébahit le monde[15].

Dans son étude sur Pernette du Guillet, V.L. Saulnier définit d'un mot la nature de l'amour de Pernette pour Scève. Il le qualifie d'amour *humaniste*, le distinguant « *de l'amour mondain des marotiques, de l'amour pétrarquiste de Délie, de l'amour platonicien de Heroët, et de l'amour sensuel de Louise Labé*[15] ». Si l'on veut bien ne voir dans ces différences que des nuances d'expression et de style, l'amour de Pernette réunit à des degrés divers l'ensemble des modèles cités, par V.L. Saulnier, mais il est dominé par une passion et par un idéal : le désir effréné de connaissance et l'attachement à l'idée de vertu, gage indispensable du vrai amour. Dans la première partie de ses discours, l'âme de Pernette se révèle aussi limpide que « *l'eau de la claire fontaine* », mais elle est aussi chaleureuse que le sang qui coule dans ses veines. Au cours des accords interrompus qui s'établissent entre Scève et Pernette, transparaît la différence des deux amours. Nous trouvons, du côté de la dame, l'offrande insondable et mystérieuse de l'eau profonde des grands lacs et de l'autre, l'ardeur pénétrante et soutenue des rayons du soleil. Dans ses *Rymes*, Pernette, tout en rendant hommage à la vertu de son amant, se plaint de la persistance de sa convoitise sensuelle, tandis que dans la *Délie*, Maurice Scève, tout en louant la « *divine pureté* » de Pernette, l'accuse de se dérober à ses désirs.

L'eau miroitante, reflet mouvant de l'âme de Pernette

Le lecteur familier des dizains de Scève, et qui se penche ensuite sur les *Rymes* de Pernette du Guillet, a l'impression d'assister à un dialogue, qui, malgré la beauté et la résonance poétique des réparties, ressemble fort à un dialogue de sourds. Les deux amants s'aiment d'un amour sincère et mutuel, mais il ne s'agit pas tout à fait du même amour.

Chacun d'eux ne cesse pas d'encenser l'autre, tout en déplorant leur incompréhension réciproque. Il est probable que les deux poètes, au cours de leurs rencontres amicales et studieuses, se communiquaient, en les récitant, les premières épreuves manuscrites de leurs vers. A cet effet, si la *Délie* représente le monument par excellence, la cathédrale incomparable avec ses vitraux rayonnants de lumière et ses chapiteaux rehaussés de sculptures et de symboles, les *Rymes* de Pernette apparaissent comme le pâle reflet de la nef scévienne, en conservant toutefois la grâce, l'élégance et le charme médiéval de certaines églises de campagne dont la flèche, surmontée de la croix, se réfléchit sur le miroir d'eau de la rivière sous-jacente. Et c'est bien dans la transparence de cette eau, transfigurée par le reflet de la maison de Dieu, que se dessine symboliquement, dans ses contours mouvants, l'image du corps, du visage et de l'âme amoureuse de Pernette, dans sa double vie de jeune fille, puis de jeune femme mariée.

L'eau courante, source de purification

Dans son amour pour la science, Pernette ne recherche pas uniquement l'acquisition matérielle de nouvelles connaissances. La science est aussi une source de lumière et, par voie de conséquence, un élément de purification. Les révélations spontanées de la science sont comparables au scintillement lumineux de l'eau caressée par les rayons du soleil. L'éclat bienfaisant du « *haut savoir* » vivifie et embellit l'esprit, comme la contemplation des ondulations rythmées de la Saône emplit de lumière et d'espoir la conscience du « rêveur d'eau ». Les clartés révélées par la connaissance purifient l'âme du quémandeur, de la même manière que les ablutions d'eau pure rénovent le corps et l'esprit du récipiendaire. La voix et les voies de la science sont aussi claires et percutantes que le ruissellement grandissant des eaux cascadantes. Dans cette harmonie de la lumière et du son, se trouve justifié l'appel impérieux et parfois désespéré de Pernette à l'intention des « divines révélations » de son *Jour*. L'état d'esprit de notre jeune poétesse est comparable à la fluidité de l'eau qui coule, mais c'est Maurice Scève qui est chargé d'opérer la purification. Nous pénétrons là dans le domaine du pur platonisme. N'oublions pas — suivant l'expression de René Huyghes — que pour Platon, « *le suprême sommet du réel est le bien, son reflet dans le monde des sens, la lumière* »[17]. Dans la limpidité du cœur de Pernette, les célestes lumières de « *son Jour* » symbolisent à la fois l'éclat de la science et les bienfaits de la vertu, fondement de la morale platonicienne sur laquelle repose la nature divine de l'amour.

FIG. 4. — *Diane et Actéon*, par le Titien, musée d'Edimbourg

Ainsi s'explique, dans les *Rymes* de notre jeune amoureuse, la ferveur de ses élans de reconnaissance, et la fréquence de ses suppliques à l'égard de son maître, qu'il s'agisse de science pure, de poésie, de musique, ou encore du pouvoir envoûtant de la *sublime conversation* accordée à la séduction d'une voix qui troublait l'esprit et les sens de notre héroïne. On est frappé par l'importance accordée par Pernette à la « *grâce et faconde* » de Scève qui la font « *cuider la première du monde* ». La jeune femme dira encore à son poète (voir épig. IV) :

Ton éloquence avecque ta faconde
Et haut savoir auquel tu es appris
Démontre assez le bien en toi compris.

Les rêves et les sortilèges de l'eau amoureuse symbole de régénérescence et de résurrection

A travers les lois formelles du mariage et les règles de la philosophie platonicienne, Pernette du Guillet n'en demeurait pas moins amoureuse et lyonnaise. Nous n'ignorons pas le caractère particulier de l'humanisme lyonnais qui se laissait plutôt guider par les sentiments personnels et par les élans du cœur. Nous connaissons aussi les aspects innombrables des rencontres de nos deux amants, au cours desquelles Maurice Scève ne se lassait pas d'implorer les faveurs de sa dame. A trop fréquenter le visage de l'amour et les sollicitations du désir, Pernette ne devait pas manquer de succomber — tout au moins en songe — aux tentations de la chair. Il peut arriver que, sous l'influence du vent ou de quelque génie cosmique, l'eau du lac se soulève en ondes frémissantes. Ainsi, l'eau limpide, dormante, miroitante ou ruisselante, vivants reflets des états d'âme de Pernette, cette eau très pure ne tarda pas à se transformer en *eau amoureuse*.

Pernette, en effet, a fait un rêve. S'envolant vers les plus hautes sphères de la mythologie, elle s'est identifiée à Diane, sœur d'Apollon et déesse de la lumière. N'est-elle pas elle-même Délie ? S'étant transportée en songe sur les bords de la *claire fontaine*, elle met en scène « *le bain de Diane* » dont elle est la principale héroïne, face à Maurice Scève qu'elle n'hésite pas à transformer en **Actéon** (voir Fig. 4, page précédente), pour mieux le subjuguer et le réduire à sa merci. Toutefois, cette rêverie ne se termine pas tragiquement comme dans la mythologie classique. Toujours amoureuse de son poète, malgré sa métamorphose en cerf, Pernette évite de le livrer en pâture à ses chiens, ne voulant pas priver la poésie française de son plus éminent représentant. Voir ce poème dans l'élégie II :

Combien de fois ai-je en moi souhaité
....
Et s'il voulait tant soit peu me toucher
Lui jetterais, pour le moins, la main pleine
De la pure eau de la claire fontaine

Saluons le rite de l'ondoiement, que Pernette exécute avec grâce, à l'endroit de son maître, au moment où cédant à l'appel de l'amour, il oserait se diriger vers sa bien-aimée. N'y aurait-il pas, dans ce réflexe subconscient de l'offrande hydrique, comme un signe lustral, traduisant l'émouvante intention, de la part de Pernette, de dessiller les yeux de son compagnon, pour élever son regard vers les joies ineffables de l'amour absolu ? Ce geste correspond à un double symbole. Il s'agit de la fonction purificatrice de l'eau à l'égard du désir charnel et, aussi, du pouvoir de rénovation et de résurrection de l'élément liquide, car la volonté de Pernette est de transformer son poète, trop humainement amoureux, en un être nouveau entièrement soumis à sa volonté platonicienne.

Le rêve de Pernette est la réplique du célèbre 235e dizain de Scève. Il est probable que les deux poèmes font allusion à la même « *fontaine* », c'est-à-dire au même ruisseau sur les rives duquel nos deux amoureux aimaient se promener ensemble, imaginant silencieusement, chacun de son côté, les joyeux ébats rendus possibles par la complicité transparente de l'eau. On voudra bien se reporter au 235e dizain de *Délie* (« *Au moins toi, claire et heureuse fontaine* ») et le comparer à l'élégie de Pernette que nous venons de commenter.

En dernière analyse, il est décisif de constater l'opposition formelle des rêveries masculines et féminines, dans le cadre emblématique de *l'eau amoureuse*. Tandis que l'homme recherche dans la transparence de l'eau, l'image embellie de la nudité de sa dame, reflet vivant de son désir, la femme, elle, vit son rêve de l'autre côté du miroir, et, si elle fait le don gratuit de sa nudité, c'est qu'elle se croit protégée par la présence imaginaire de ses sœurs les nymphes :

Que dis-je seule ? mais bien accompagnée
D'honnêteté que Vertu a gagné
A Appolo, Muses et Nymphes maintes
Ne s'adonnant qu'à toutes œuvres saintes

(*Rymes*, élégie II)

Notre « rêveuse » se sent également préservée de toute atteinte profane, par la fragile barrière de « cristal liquide » qu'elle ne détesterait pas, cependant, voir s'entrouvrir. Il s'agit là, d'un artifice à double face, de pureté évangélique et de perversité diabolique, jeu essentiellement féminin et que Pernette du Guillet, « *gente et vertueuse dame lyonnaise* » espère bien nous faire accepter, par la grâce de son rêve imaginé sur les bords de la « *claire et heureuse fontaine* ».

CHAPITRE IV

SUR CERTAINS ASPECTS DES ÉTATS D'AME DE PERNETTE DU GUILLET

Sur la doctrine de l'amour

O vrai amour dont je suis prise,
Comment m'as-tu si bien apprise,
Que de mon Jour tant me contente,
Que je n'en espère autre attente,
Que celle de ce doux amer,
Pour me guérir du mal d'aimer ?
Du bien j'ai eu la jouissance
Dont il m'a donné connaissance.

(P. du Guillet, *Chanson*, III).

De même que Maurice Scève, malgré l'élévation de ses pensées, ne déteste pas les jeux de l'esprit, de même, il arrive à Pernette d'émailler, d'une pointe de fantaisie, ses analyses les plus sérieuses. Il en est ainsi dans sa 24e épigramme où elle s'interroge sur l'importance respective de l'Amour ou de la Dame, dans la démarche spirituelle de l'amant :

A qui est plus un amant obligé
Ou à l'Amour ou vraiment à sa dame ?

Dans ce poème d'allure rhétoricienne, nous apprenons que le cœur de l'amant doit aller à l'Amour qui l'invite à *l'honneur*, tandis que l'âme, partie essentielle de l'être, doit aller à la Dame qui se réclame « *du bien* ». Pernette, toutefois, accordant des titres égaux à chacun des postulants, conclut par une boutade d'inspiration marotique : « *C'est que sans Dame, Amour ne serait point !* »... Ainsi, nous voyons que le platonisme de Pernette admet quelques dérogations. Il suffit de comparer cette XXIVe épigramme au 179e dizain de Scève. Il en est de même pour la XXVIIe épigramme, où dans la dialectique de l'affection et du désir, Pernette estime que « *le plaisir suivra toujours l'affection* ». Ailleurs, notre poétesse émet des doutes sur la possibilité d'aimer deux personnes à la fois (voir épigramme XXV). Par contre, le platonisme de Pernette revient dans toute sa pureté lorsqu'elle compare la sincérité d'un « *cœur tremblant* » qui se refuse au désir, à la duplicité honteuse du « *faux semblant d'amour* », venant d'un personnage sans scrupule (voir épigramme XXXI). Le mérite de ces épigrammes et des chansons de Pernette, où l'amour véritable conserve toujours ses exigences, réside dans l'élégance de la présentation et dans la fraîcheur de la limpidité verbale où l'on retrouve les contournements harmonieux de l'eau ruisselante (voir la Chanson III placée ci-dessus en exergue).

L' amour à deux visages et les délices de la douleur

L'âme et le cœur de Pernette ne présentent pas toujours la même image de la sérénité. Lectrice de Pétrarque et de ses imitateurs, notre poétesse connaît bien le thème de « *l'Amour à deux visages* » et elle avoue loyalement souffrir de ce manque d'unité (Chanson I).

Je vois les uns fort contents,
Les autres pleins de souffrance :
De ceux-là les ris, j'entends,
De ceux-ci la doléance.
Ces passions j'aperçois
Régner toutes deux en moi.

On ne doit pas, cependant s'attendre à trouver dans les *Rymes* de Pernette du Guillet les accents douloureux suivis de larmes ardentes qui accompagneront les cruelles déceptions de Louise Labé. Nous savons que la Belle Cordière souffrit *intérieurement* des blessures de son âme, alors que Pernette se plaint plutôt des retentissements « terrestres » dus au hasard ou à la médisance. Tandis que les épigrammes de ses *Rymes* nous renseignent sur les désirs profonds de ses aspirations amoureuses, c'est dans ses chansons, d'un style plus coulant, que Pernette déploie avec alacrité le fiel de son amertume ou le miel de sa joie. Dans sa deuxième chanson, notre héroïne reproche à Maurice Scève la persistance de sa sensualité, au lieu de se soumettre, de bonne grâce, aux joies plus exaltantes du chaste amour. De cet état de choses, Pernette souffre pour son amant, mais elle souffre moins. Elle profite de ses aveux pour assurer son poète de sa fidélité, même si d'autres yeux pouvaient séduire le cœur de Maurice Scève (voir la Chanson, II[18]).

Poursuivant sa confession, et bien qu'elle soit meurtrie dans son amour-propre, de voir son ami « rencontrer d'autres dames », c'est surtout pour lui-même que Pernette souffre de le voir s'intéresser à des « rivales qui sont indignes de lui ». Cependant, en dépit des souffrances d'une jalousie méprisable, se dégage une certaine volupté qui les domine par la grâce de son élan spirituel. A travers les disputes banales, les discordes et les querelles d'un jour, se dresse, rectiligne et pure, la flamme du vrai amour, image d'une communion réciproque des deux amants. Les délices amères, issues de la privation du désir, s'épanouissent dans la joie pour chacun de nos deux personnages, et, singulièrement pour Pernette qui jouit de voir son propre consentement s'harmoniser avec « *ce doux amer* » :

> *Pour me guérir du mal d'aimer*[19]

voir la Chanson III :

> *O vrai amour dont je suis prise.*

Pour Pernette du Guillet, il s'agit d'une victoire remportée sur la convoitise sensuelle. Grâce à ses efforts de persuasion et à la dignité de sa conduite, notre héroïne parvient à « *contenter* » son amant, et, par un double jeu de miroir, elle est elle-même contente du contentement de son cher poète (voir épig. XV) :

> *Pour contenter celui qui me tourmente*
> *Chercher ne veut remède à mon tourment*
> *Car en mon mal voyant qu'il se contente*
> *Contente suis de son contentement.*

Déjà dans la précédente épigramme (n° XIV), Pernette avait clairement expliqué la nature exacte de ce contentement, qui (suivant l'esprit de Léon l'Hébreu) était *l'opposition de l'ambition et de l'avidité du plaisir* (voir épig. XIV).

Bonheur, sacrifice, union des âmes et réciprocité

Ainsi, est-ce dans le bonheur ressenti par Maurice Scève, que Pernette découvrira son vrai bonheur. Se refusant à accorder aux joies physiques de l'amour l'importance néfaste des plaisirs vulgaires, elle consent à se sacrifier pour le bonheur de son amant, mais elle conduit son dialogue avec Scève, de façon à ce qu'il ne puisse pas jouir d'un bonheur qu'elle ne partagerait pas. La seule joie qui compte aux yeux de Pernette, c'est une *union totale des deux amants*[20]. Suivant l'expression de V.L. Saulnier : « Elle sacrifie volontiers à cette communion *tout ce qui ne compte pas à ses yeux*, sans que s'y mêle le mortel venin du regret » (Saulnier).

C'est finalement dans le sentiment d'une dignité *réciproque* que s'achèvera, grâce à la pureté de leur amour, la vision d'un bonheur parfait. C'est ce que proclame Pernette dans sa célèbre épigramme XIII :

L'heur de mon mal, enflammant le désir
Fait distiller deux cœurs en un devoir.

Maurice Scève répondra à ce huitain par le 136e dizain de la *Délie*. Ces dix vers, disposés en miroir par rapport au poème de Pernette, nous démontrent avec quelle virtuosité le maître parvient à transformer un huitain en dizain. Reprenant les termes de son « élève », il affirme sa croyance dans la primauté du « *bien en effet désirable* », et il clôt sa sentence par un distique :

Fais que puission aussi longtemps sentir
Si doux mourir en vie respectable.

qui sera repris sous une autre forme par Pernette dans l'épigramme XIV où elle confirme sa foi dans l'orthodoxie platonicienne chère aux académiciens de Florence

On veut mourir s'on ne l'a promptement,
Mais ce mourir engendre une autre vie.

Le rendez-vous manqué,
ou les subtilités de la coquetterie féminine.

Je te promis, au soir, que pour ce jour
Je m'en irai à ton instance grande
Faire chez toi quelque peu de séjour.
Mais je ne puis : parquoy me recommande
Te promettant m'acquitter pour l'amende.

(P. du Guillet, épig. XIX)

On a souvent discuté de l'extrême rigueur de la vertu de Pernette, et quelques dizains de la *Délie* pourraient laisser supposer que Maurice Scève, exceptionnellement, aurait obtenu au moins une fois la grâce du « *merci* » si ardemment convoité. Et il est vrai que Pernette, certain soir, s'était laissée aller à une promesse (voir épig. XIX placée ci-dessus en exergue). Hélas ! un « *mais je ne puis* » mit fin à tant d'espoir[21]. En lisant cette XIXe épigramme, on ne peut s'empêcher d'admirer le talent et l'élégance de Pernette, qui, par une admirable « pirouette » de style, parvient à transformer son refus en une autre promesse d'une plus grande valeur morale, celle de « *demeurer sienne* » par le cœur et par l'esprit « *non d'un seul jour, mais toute ma vie* », accordant ce privilège à son maître, en raison des qualités premières qui ont motivé l'amour de Pernette qui a toujours eu « *la pensée ravie* ».

Par tes vertus, ta grâce et ton savoir.

(Voir la totalité de la XIXe épigramme).

Cette XIXe épigramme est un modèle de diplomatie amoureuse, et lorsqu'on revient à l'étonnante élégie de Pernette rêvant langoureusement sur « *les bords de la claire fontaine* », on peut imaginer un portrait de Pernette du Guillet, gente et vertueuse dame lyonnaise, sûre de sa beauté, et jouant, pour une fois, avec l'amour de Maurice Scève usant des artifices d'une certaine coquetterie... On songe au 33e emblème de la *Délie* et à l'amère réflexion de Scève (voir le 294e diz.) :

« *Captif je reste, et sortant je suis pris* ».

Il a pu arriver que Pernette se soit laissée tenter par le jeu du chat et de la souris.

La fière révolte de Pernette
se laissant, malgré tout, séduire par les sollicitations de l'amour.

Si je ne suis telle que voulais être
Prenez vous en au temps qui m'a appris
Qu'en me traitant rudement comme maître
Jamais sur moi ne gagnerez le prix,
Et toutefois, vous voyant toujours pris
En mon endroit, votre ardeur me convie
Par ce haut bien, que de vous j'ai compris
A demeurer votre toute ma vie.

(P. du G., épig. XXVIII)

Malgré les célestes dons et les divins attributs accordés par Pernette à son prestigieux amant, Maurice Scève n'était pas encore devenu, tout à fait, Jupiter : il demeurait un homme mortel et mortellement amoureux. Il est certain qu'au moment du mariage de Pernette, Scève, au sommet du désespoir, fit d'amers reproches à sa dame. Il suffit de lire le 161e dizain de la *Délie* pour imaginer la cruelle détresse de notre amoureux (voir le 161e dizain). Se référant au droit divin de l'amour, Scève dut exiger avec vigueur, de la part de Pernette, sinon la rupture du mariage, du moins une preuve immédiate et réelle de son amour. Or, les *Rymes* de notre héroïne démontrent la haute qualité de son âme et la noblesse de son attitude devant les lois « officielles » du mariage.

Lorsqu'on lit la XXVIIIe épigramme des *Rymes*, on en perçoit la beauté dans l'opposition formelle entre la « dureté » des exigences de l'amant, la fière révolte de Pernette, et la tendre souplesse qu'elle met ensuite à se laisser convaincre par la ferveur des serments de Maurice Scève. Finalement, elle se laisse enlever « spirituellement » par son adorateur. Le dernier tercet résume en quelques mots, l'éternel dialogue qui constitue la trame journalière des dizains de Scève et des Rymes de Pernette (voir l'épigramme XXVIII, ci-dessus placée en exergue).

Cette épigramme nous fait songer au 38e emblème de la *Délie* et au dizain sous-jacent, se rapportant à l'enlèvement d'Europe par Jupiter déguisé en taureau. Il n'est pas impossible d'imaginer que, pour tenter de parvenir à ses fins, Maurice Scève, profitant du désarroi de Pernette, ait utilisé la ruse comme argument. Nouveau Jupiter, peut-être, a-t-il fait semblant d'agiter ses foudres et de simuler la manière forte, pour enlever son Europe, qui, en fin de compte, s'est montrée sensible à tant d'ardeur amoureuse. Somme toute, le dernier vers de l'épigramme XXVIII :

A demeurer vôtre toute votre vie.

c'est, en quelque sorte, la promesse symbolique du mariage mystique de nos deux amants. Et l'image de Scève-Jupiter enlevant Pernette-Europe, c'est aussi le symbole du Rhône impérial et impétueux

Se détournant et vers midi courir
Pour seulement se conjoindre à sa Saône
Jusqu'à leur mer où tous deux vont mourir.

(*Délie*, 346e dizain).

Le temps de la calomnie et les « variations » sur la « Robe fourrée de Danaé »

Il en est des chansons comme des œuvres d'art. De même que chaque peintre possède son tableau préféré, de même, la gloire du poète lui vient de quelques vers universellement connus. La VIIe chanson de Pernette : « *Qui dira ma robe fourrée* », est une des plus souvent évoquées par les esprits fervents des chansons de la Renaissance française. C'est aussi un poème-phare qui traduit avec le plus de réalité le genre poétique de Pernette du Guillet. Ces quelques vers pourraient suffire à mettre en lumière l'enjouement spirituel, la sensibilité subtile et la grâce juvénile qui sont le reflet de sa personnalité. Composée et écrite d'une seule envolée, cette chanson nous révèle une Pernette excellente polémiste, développant avec verve et humour l'argument qui — dans chaque vers — lui tient le plus à cœur. Restant dans les limites d'une sobre élégance, elle n'hésite pas cependant à utiliser une expression un peu « leste » qui accentue la pertinence et la vive alacrité du poème :

Qui dira que d'ardeur commune
Que les jeunes gens importunent
De toi je veux et puis holà :
Je ne sais rien moins que cela.

Cette chanson fait allusion aux calomnies lancées contre Pernette que l'on accusait hypocritement de mener une vie de courtisane. Il est probable que la jalousie était intervenue, voyant Pernette, aimée, adulée et encensée par un poète aussi éminent que Maurice Scève. Ce poème qui débute galamment par l'image de Danaé se laissant séduire par la pluie d'or de Jupiter, est admirablement construit. Composé de 24 vers octo-syllabiques les quatre premiers quatrains sont réservés à ridiculiser la fausse accusation, tandis que les deux derniers sont très intelligemment consacrés à la défense. Ils proclament hautement, mais avec une touchante simplicité, la « *sainteté* » du chaste amour de Pernette et l'intégralité de son honneur :

> *Mais qui dira que d'amour sainte*
> *Chastement au cœur suis atteinte*
> *Qui mon honneur onc ne foula*
> *Je ne sais rien mieux que cela.*

Cette chanson, qui est une manière de réplique à la chanson II :

Quand vous voyez que l'étincelle
De chaste amour sous mon aisselle.

correspond à une période de la vie de Pernette où ses relations avec Maurice Scève ont subi des moments de confusion sinon de discorde orageuse. Dans la chanson II, Pernette, tout en assurant son amant de sa fidélité, se plaignait de certaines de ses « escapades ». Maurice Scève avait répondu par des allusions plus ou moins discrètes à quelques bruits circulant sur la conduite de Pernette. Ce sont ces dizains de Scève qui avaient motivé l'éclosion de la chanson VII : « *Qui dira ma robe fourrée* ». Le lecteur voudra bien se reporter aux dizains 84 et 85 où l'amant de Délie n'hésite pas à parler franchement, et même à utiliser « l'humour noir » pour bien démontrer à Pernette qu'il n'appréciait pas les soi-disant « on dit »... Voir également la Chanson VII.

FIG. 5. — Jeune femme de la Société, jouant du luth. Grav. XVIe siècle.

FIG. 6 — Le duo d'Amour. Grav. anonyme, XVIe siècle.

Musique, contrepoint, harmonie et rythme

Mais je voudrais lors, quant et quant avoir
Mon petit luth accordé au Devoir
Duquel ayant connu et pris le son
J'entonnerais sur lui une chanson.

(*Rymes*, élégie II)

Comme Maurice Scève et Louise Labé, Pernette était musicienne et jouait parfaitement du luth. On connaît l'importance de la musique au temps de la Renaissance. Musique et poésie intimement liées. De nombreux poètes composaient des vers rassemblés en strophes ou couplets pour être chantés avec accompagnement du luth.

En ce qui concerne Pernette du Guillet, nous ne découvrons pas, dans son œuvre, de poème consacré spécialement à la musique. La seule allusion qui y soit fait concerne les quatre vers placés en tête de ce chapitre, où le luth n'est invoqué que comme un recours protecteur, couvrant de sa dignité et de sa voix l'imprudente provocation de Pernette qui s'était élancée « *toute nue dans l'eau de la claire fontaine* ». Mais nous connaissons, par la lecture de la *Délie*, les qualités de la jeune maîtresse de Scève, en tant que chanteuse et joueuse de luth :

Me ravissant ta divine harmonie,
Souvente fois jusques'aux cieux me tire.

écrira Maurice Scève au 157e dizain. Il dira encore à sa dame au 196e dizain :

Tes doigts tirant non le doux son des cordes
Mais des hauts cieux l'angélique harmonie.

En réalité, la plus grande partie des *Rymes* de Pernette a été écrite pour être mise en musique et chantée ou récitée avec l'aide du luth. Au temps de la Renaissance, les poètes, parlant de l'amour, accordaient une grande importance aux réactions sensorielles, s'agissant surtout de la vue et de la voix. Or, il est probable qu'avant de transcrire définitivement un poème, Pernette devait le lire à haute voix, et, dans le cas plus précis des chansons, elle devait, s'aidant du luth, essayer d'harmoniser les paroles, la musique et le sens général du texte. Etant elle-même séduite — cérébralement et sensuellement — par la « *grâce et faconde* » de son maître, elle devait mettre tout en œuvre pour enchanter Maurice Scève par la valeur symbolique de ses vers, et pour mériter les louanges qu'il ne manquait pas de lui adresser. Le dialogue poétique devenait ainsi un dialogue musical. De nombreuses gravures du XVIe siècle, intitulées « *Duo d'amour* », nous révèlent toute la séduction sensorielle, sensuelle et spirituelle, que deux jeunes amants ressentaient dans la pratique de la « récitation musicale », expression d'une parfaite harmonie des corps, de l'esprit et de l'âme. (Voir figure 6.)

L'œuvre de Pernette du Guillet nous apparaît comme le reflet d'une poésie musicale. On y distingue l'alliance de la mélodie et du rythme ainsi que la souplesse d'une versification qui était déjà apparue dans tout son éclat dans certains dizains de la Délie, et que nous retrouverons plus tard dans les sonnets de Louise Labé.

La nature, les travaux des champs et l'enchantement des premières lueurs de l'aube

En Dauphiné, Ceres faisait encor moisson,
Etant à Millery, Bacchus en sa boisson
Parquoi je puis juger, voyant les vins si verts
Que Vénus sera froide encor ces deux hivers[22]

(P. du Guillet, épig. XXII)

Les *Rymes* de Pernette du Guillet ne sont pas riches en description de la nature. Notre héroïne rejoint en cela Louise Labé. Il faudra attendre Ronsard pour que les poètes de la Pléiade nous révèlent les charmes et les vertus d'un site, d'un paysage, ou encore découvrent une certaine philosophie dans la description d'une forêt, d'un arbre, d'une rivière, d'un ciel ou d'une saison. Parmi les membres de la famille lyonnaise, Maurice Scève est le seul qui, en plusieurs circonstances, se soit intéressé aux grâces naturelles du cosmos, mais toujours dans le cadre lyonnais. De nombreux dizains en font mention, qu'il s'agisse de Lyon, de ses collines, de ses fleuves ou encore des saisons.

En ce qui concerne Pernette, en dehors des travaux des champs qu'elle évoque dans le quatrain placé ci-dessus en exergue [et assorti d'un proverbe populaire, bien que très ancien (voir note 22)], notre poétesse, fidèle à sa vocation admirative à l'égard de la lumière, nous offre dans sa IIe épigramme une agréable description de l'aube, et des apparitions successives de la lumière précédant les premières clartés du jour (voir la IIe épigramme). Cette épigramme II, digne d'un dizain de Scève, est remarquable à plusieurs titres et d'abord par le très beau vers :

En couleurs mille et diverses et sereines.

car elle associe l'ineffable diversité de la lumière embrasant la nuit agonisante, et la « divine » sérénité qui envahit l'âme de Pernette, contemplatrice privilégiée de ce spectacle. Mais le plus merveilleux est que notre poétesse compare cette extraordinaire apparition de l'aube à l'illumination de son esprit découvrant, chaque jour nouveau, un nouvel éblouissement. La révélation des vertus de Scève est pour elle, à la fois son aube, son aurore et son soleil (revoir l'épigramme II).

L'eau qui s'écoule, immobile ou les illusions du temps qui fuit

Dans son *canzonière*, Pétrarque décrit surtout les souffrances de la passion et s'inspirant de l'instant fugitif. Comme le dit V.L. Saulnier, « *cette philosophie de l'instant passager et de l'éternel écoulement des choses, peut revêtir deux aspects : d'un côté l'extrême brièveté de la vie, et, de l'autre, la résignation enjouée, d'une existence facile* » (Saulnier, *loc. cit.*).

Les sonnets de Louise Labé résonneront des clameurs éplorées du temps perdu, car elle revit à travers ses larmes de feu, des joies inexorablement fugitives dont elle voudrait pouvoir jouir dans un éternel futur. Quant à Maurice Scève, fervent platonicien, il recherchera sa béatitude dans l'immortalité du souvenir.

Chez Pernette du Guillet, on pourrait croire que nous assistons au déroulement temporel classique et progressif de son amour. En réalité, comme le souligne V.L. Saulnier : « *Pour Pernette, le temps n'existe pas* ». Son amour se place d'emblée dans ce signe intemporel qui fait de sa vie un éternel présent. Il suffit de lire la suite de ses épigrammes pour se rendre compte qu'elle a choisi de considérer ses relations avec Maurice Scève comme l'image permanente du bonheur. Pour Pernette, sa vie prend son essor dès son premier contact avec les lumières de la poésie et de la science. L'éblouissement de cette rencontre lui a révélé la totalité de son existence. Pour elle, sa naissance commence avec la disparition des ténèbres de la nuit, et avec le dévoilement des premières clartés de « *son Jour* ». A partir de là, sa vie demeure une, entière et définitivement marquée par le bonheur d'aimer, de voir et de connaître, quelles qu'en soient les conséquences terrestres et mortelles. Bien que Pernette nous parle rarement de la mort, cette pensée réveille dans son âme, sa foi platonicienne. Croyant à l'éternelle survie de son bonheur, elle s'écriera dans son épigramme XIV :

Mais ce mourir engendre une autre vie.

Ainsi, à côté de l'image emblématique de l'eau courante et miroitante, que nous avons évoquée pour traduire la limpidité de l'âme et du langage poétique de Pernette, se présente un autre symbole de l'eau, miroir fidèle de l'attitude spirituelle *inaltérable* de notre héroïne : c'est celui de *l'eau immobile*, eau ruisselante ou cascadante, qui semble s'écouler, fugitive dans l'espace, mais dont le reflet argenté apparaît *toujours identique à lui-même* sur le galet immuable qu'elle surplombe éternellement.

LE « PLATONISME » DE PERNETTE DU GUILLET

La nuit était pour moi si très obscure
Que Terre et Ciel elle m'obscurcissait
Mais quand je vis que l'aube apparaissait
En couleurs mille, et diverse et sereine
Je me trouvais de liesse si pleine
Voyant déjà la clarté à la ronde
Que commençais louer à voix hautaine
Celui qui fut pour moi ce jour au Monde

(P. du Guillet, épig. II)

En découvrant les œuvres posthumes d'un poète, on respire le parfum de l'encens qui les fit naître et mourir. Lorsqu'il s'agit d'une jeune femme très belle et sensible à la souveraineté de la lumière, le lecteur se refuse à croire à sa mort prématurée. Il songe avec émotion aux derniers instants de cette jeune vie qui s'ouvrait aux joies de l'amour et à l'aube du bonheur. Il imagine en rêve, les clartés d'une âme pure qui, après avoir exhalé sur terre le dernier souffle d'une œuvre poétique marquée par la grâce, s'est envolée vers un autre royaume et vers le ciel de l'immortalité :

« *Vivitur ingenio, coetera mortis erunt.* »

Vésale, ce grand poète amoureux de l'anatomie humaine, devait graver cette phrase sur le socle en marbre blanc d'un de ses squelettes, qui, bien que décharné, croyait encore à la vie éternelle : « *L'homme survit par son génie, tout le reste est voué à la mort* ».

Mais qui connaît aujourd'hui Pernette du Guillet, gente et vertueuse dame lyonnaise ? Qui sait que ce beau visage, reflet de l'éternel féminin, s'est éteint à l'âge de 25 ans, victime d'une épidémie de peste, après nous avoir laissé, sur quelques feuilles éparses, l'émouvant souvenir de ses amours éphémères ? Une autre question se pose : lirait-on encore aujourd'hui les *Rymes* de Pernette du Guillet si elle n'avait pas été, sous le nom de Délie, la « divine » inspiratrice de Maurice Scève ? Nous pensons que la gloire première de Pernette est d'avoir offert la grâce de ses seize ans aux regards du plus grand poète de la Renaissance française. Sensibilisée par le talent de son maître et transfigurée par l'éclat de sa lumière, Pernette, tout naturellement, s'est laissée tenter par l'attrait de l'art poétique, et elle a découvert le mirage de l'amour, dans la contemplation du génie.

Si l'on voulait trouver une autre explication au succès personnel des *Rymes* de Pernette, c'est dans la loyauté de son âme, de son cœur, de son esprit, de sa raison et de son corps, que nous pourrions le découvrir :

L'âme et l'esprit sont pour le corps orner,
Quand le vouloir de l'éternel nous donne
Sens, et savoir pour pouvoir discerner
Le bien du bien que la Raison ordonne

(voir épig. XVI)

Le troisième volet des mérites de notre héroïne se dévoile — malgré de nombreuses imperfections — dans le naturel de son langage poétique. Nous ne saurions mieux faire que de résumer ici l'opinion d'un auteur qui a étudié avec soin l'Ecole lyonnaise : « *Pernette du Guillet est une voix gaie, une jolie femme qui se plaît à se faire écouter par sa malice ingénue, son innocence un peu coquette et son orgueil aimable et léger. Sa poésie n'est souvent qu'un dialogue, une broderie délicate et vive autour d'une heureuse trouvaille* » (Enzo Guidic, *Louise Labé et l'Ecole lyonnaise*, Naples 1964). De son côté, V.L. Saulnier a consacré plusieurs chapitres à la *composition artistique* dans l'œuvre de notre poétesse. Etudiant le lyrisme, la musique et le renouvellement des genres (épîtres, chansons, épigrammes et élégies), Saulnier nous révèle l'originalité de Pernette à travers la variété de ses « sources ». Commentant la valeur du *style poétique*, Saulnier précise l'importance de la notion des couples antithétiques utilisés par Pernette :

1. *L'amour et l'amitié* : passion, volonté, sentiment ; affection, désir ; foi ; liberté, servitude.
2. *La nuit et le jour* : aube ; minuit ; clarté, ombre, lune, ténèbres.
3. *Joie et douleur* : contentement et tourments ; vie et mort ; bien et mal ; plaisir et déplaisir.
4. *Le corps et l'esprit* : âme, cœur et raison ; vertu et vie ; savoir et erreur ; connaissance et ignorance ; grâce et éloquence (*faconde*).

Concernant le *travail poétique*, Saulnier constate que Pernette n'aime guère l'hermétisme : « Elle chante bien, comme Maurice Scève, une *poésie savante et éloignée du vulgaire*, mais l'élévation constante de la pensée lui suffit pour n'être comprise que d'une élite » (Saulnier, *loc. cit.*). Nous sommes tentés d'ajouter que, chez Pernette du Guillet, la métaphore du « *Jour* », expression imagée de l'omniscience de son maître, explique l'essentiel de son amour et de son œuvre. Comme nous avons essayé de le démontrer, grâce à la magie des symboles, le style de Pernette se définit par sa clarté. Ses vers s'écoulent dans la strophe avec la limpidité de l'eau ruisselante, et la pureté de son âme se reflète sur la surface miroitante de la « claire fontaine ».

Nous pensons que Pernette du Guillet mérite mieux que quelques citations isolées d'épigrammes, d'élégies ou de chansons. Loyale avec elle-même, avec son maître et à l'égard de la poésie, elle figure parmi les poétesses de la Renaissance lyonnaise, comme une femme amoureuse de la science et transfigurée par les révélations de la lumière. Enthousiasmée par les beautés de l'Idée platonicienne, elle se révéla à elle-même grâce à la magie de son amour. Son admiration quasi mystique pour Maurice Scève explique par l'éclat d'un certain regard et par la séduction d'une parole écho d'*une pensée ravie*

> *« dont tu es la source et l'onde,*
> *Par tes vertus ta grâce et ton savoir. »*
>
> (Epig. IV et XIX)

Très éloignée de Louise Labé par la pureté de ses mœurs et par le charme discret de sa poésie, elle la rejoint par son désir d'une union totale des âmes, mais en affirmant hautement la suprématie du spirituel sur le sensuel.

Ainsi nous apparaît le visage de Pernette du Guillet, dans l'aimable alternance de sa légèreté et de sa gravité, et dans la piquante complexité de ses méditations sérieuses et de ses réparties enjouées, reflets ondoyants de son extrême jeunesse. On ne peut que souscrire à la très belle image de V.L. Saulnier, dont l'élégance rejoint la grâce poétique de la gente et vertueuse amie de Maurice Scève : « *La poésie de Pernette fait songer à ces premiers fruits un peu verts où manque la saveur pleine de l'été, mais où l'on retrouve la fraîcheur du printemps, un printemps lourd d'étonnements et de merveille neuve.* (Saulnier, *loc. cit.*)

CONCLUSION

L'ASCENSION VERS LE ROYAUME DE DIEU
L'Ascèse Purificatrice

Personne ne peut voir le Royaume de Dieu
S'il ne renaît pas par l'Esprit.

(Jean, Chap. 4 V. 5)

Clair voir le Soleil de ma vie

Le fait le plus remarquable dans l'existence de Pernette du Guillet est qu'elle naquit à la lumière d'une nouvelle vie dès l'instant où elle prit conscience de la nature de l'amour qui l'unissait à Maurice Scève : ce fut une résurrection.

La vie d'une jeune fille de la Société au temps de la Renaissance était parfois monotone. Certes les activités qui animaient son esprit étaient variées : il s'agissait de l'étude de certaines langues vivantes (espagnol, italien) et de la connaissance du latin et parfois du grec, mais surtout de la pratique de la musique et du chant. Cependant, les grandes questions philosophiques posées par les maîtres de l'académie néo-platonicienne de Florence étaient loin d'être résolues et surtout comprises dans leur réalité propre.

Cet assemblage de connaissances demeuré confus dans l'esprit de Pernette à tel point qu'elle comparait cette confusion aux ténèbres de la nuit, elle cherchait en vain la lumière aussi bien pour les choses matérielles de la terre que pour les célestes manifestations de l'Esprit : elle écrivait :

La nuit était pour moi si très obscure
Que Terre et Ciel elle m'obscurcissait.

Et voici que soudain tout change : les premiers rayons du soleil apparaissent. Pernette a devant elle un homme qui lui désille les yeux : il lui parle d'amour en lui récitant quelques vers. Un grand frisson traverse l'âme de Pernette qui entrevoit déjà la Lumière, comme son maître elle utilise un mot qui évoque les prémices de l'espérance. Elle nous parle de l'aube et elle écrit :

« *Quand je vis que l'aube apparaissait* »

Dans son 355e dizain, Maurice Scève nous parle également de l'aube comme de la première lumière prometteuse d'espérance.

L'aube venant pour nous rendre apparent
Ce que l'obscur des ténèbres nous cèle.

Toutefois, c'est surtout le 79e dizain de la *Délie* qui donne à l'Aube sa vraie fonction de renaissance à la vie spirituelle qui est la véritable destinée de l'Homme :

L'Aube éteignait Etoiles à foison,
Tirant le jour des régions infimes,
Quand Apollo montant sur l'Horizon
Des monts cornus dorait les hautes cimes.
Lors du profond des ténébreux Abîmes,
Où mon penser par ses fâcheux ennuis
Me fait souvent percer les longues nuits,
Je révoquai à moi l'âme ravie,
Qui, desséchant mes larmoyants conduits,
Me fit clair voir le Soleil de ma vie.

« Clair voir le soleil de ma vie » était également le but suprême de Pernette du Guillet. C'était en somme vouloir entrer dans le royaume de Dieu. Mais pour pouvoir accéder à ce bonheur il était nécessaire pour elle de renaître et nous retrouvons là les paroles de la bible :

Personne ne peut voir le royaume de Dieu
S'il ne renaît pas par l'Esprit.

(Jean, Ch. III, V. 5)

Ainsi assistons-nous à une transformation de l'âme de Pernette et le merveilleux est que la jeune poétesse dans son élan d'émotion identifie Maurice Scève aux clartés du soleil et elle l'appelle : Bonjour.

Or la présence des clartés du jour faisant suite aux ténèbres de la nuit est la preuve de l'existence d'un Dieu qui domine le monde pour l'éclairer et le sauver.

Aucune déclaration d'amour n'est comparable à ce poème de Pernette qui n'hésite pas à donner à son jour une dimension divine. On peut voir d'ailleurs dans un certain nombre d'épigrammes et de chanson de Pernette du Guillet l'expression de *saint amour* plusieurs fois également utilisé par Maurice Scève pour définir une passion gouvernée par la spiritualité des plus hautes vertus.

Le plus merveilleux c'est que dans l'analyse du dialogue d'amour qui s'écoule entre Pernette du Guillet et son jour, on pourrait dire : de même que la jeune poétesse doit sa gloire à Maurice Scève, de même le plus illustre des poètes de la Renaissance française doit en partie sa renommée à la sainteté de l'amour que lui voua sa jeune maîtresse.

Nos deux amants recherchaient ensemble la voie mystérieuse d'un amour les conduisant vers le Royaume de Dieu.

Le mot *ensemble* est une expression souvent utilisée par Scève pour démontrer l'intimité de l'union parfaite des aspirations de son âme avec l'âme de Délie. Voir entre autre le 17e dizain *plutôt verront et toi et moi ensemble*. Voir également le 127e dizain :

> « *Je verrais l'âme ensemble et le corps croître*
> *Avant leur temps en leur éternité.* »

On doit reconnaître chez Pernette du Guillet ses qualités personnelles de poétesse avec son talent et sa sensibilité propre. Elle eut le mérite de reconnaître son éblouissement devant « *le haut savoir* » de Maurice Scève et elle eut le courage grâce à la rigueur de son « Saint Amour » de s'opposer aux pulsions sensuelles de son maître et ami.

Cette attitude permit à l'auteur de la *Délie* de se soumettre aux exigences de la *haute value* des vertus de Pernette et de découvrir la victoire du vrai Amour sur la souffrance, sur l'échec, et sur la Mort. En fait, c'est dans l'intime fondement du *dialogue d'amour* qui se joue entre Pernette et Maurice Scève que s'établit la doctrine d'une loi conduisant nos deux amants à entrouvrir la porte du Royaume de Dieu.

Pernette du Guillet écrira dans son XVIe épigramme :

L'ame et l'esprit sont pour le corps orner
Quand le vouloir de l'Eternel nous donne
Sens et sçavoir pour pouvoir discerner
Le bien du bien, que la raison ordonne

FIG. 7. — *Le chaste baiser.*
Grav. anon. du XVIe siècle.

RYMES DE GENTILE ET VERTUEUSE DAME D. PERNETTE DU GUILLET LYONNOISE

Afin de faciliter les recherches du lecteur, nous avons reproduit dans un même groupe d'une part les épigrammes, et d'autre part les chansons et les élégies.

Nous avons suivi dans nos citations la classification et l'ordre des numéros cités dans l'édition des Rymes de Pernette du Guillet.

Edition critique avec introduction et notes par Victor E. GRAHAM
Genève
Librairie Droz
11, rue Massot

Paris
Librairie Minard
73, rue du Cardinal Lemoine

ANTOINE DU MOULIN[6] AUX DAMES LYONNOISES S.

C'est ainsi que l'inclination, laquelle naturellement nous avons à nos semblables, nous face esmouvoir selon le bon, ou mauvais accident advenu à ceux de nostre complexion, je ne doubteray point que la plus part de vous, Dames vertueuses, ne soit assez marrie de soy-mesmes du trespas de celle vertueuse, gentile, et toute spirituelle Dame D. Pernette du Guillet, sans d'avantage par ce petit recueil sien vous renouveller la douleur, qui encor vous saigne au cœur (mesmement à vous, qui de plus privée fréquentation l'avez congnue) pour l'oultrage faict n'aguieres par la Mort à elle et à vous, comme envieuse de nostre bien. Mais les instantes, et affectionnées remonstrances de son dolent mary m'ont perduadé, comme luy, à vous vouloir plustot desplaire pour un peu, vous renouvellant vostre particulier regret, que de vouloir généralement priver toutes celles, qui ne la cogneurent onc de face, de ce petit amas de rymes, lesquelles elle nous laissa pour tesmoignage de la dextérité de son divin esprit, et lequel, nous en le lisant, sera suffisant (j'en suis tout asseuré) de la faire regretter non seulement à ses accointées, mais aussi à toutes personnes de vertu avec une perpetuelle hayne contre la Mort, qui nous a privez de la consummation, que par cest heureux commancement la felicité de son celeste engin nous promettoit. Car, veu le peu de temps, que les Cieux l'ont laissée entre nous, il est quasi incroyable comme elle a peu avoir le loisir, je ne dy seulement de se rendre si parfaitement asseurée en tous instrumenz musiquaulx, soit au luth, Espinette, et autres, lesquelz de soy requierent une bien longue vie à se y rendre parfaictz, comme elle estoit, et tellement, que la promptitude, qu'elle y avoit, donnoit cause d'esbahissement aux plus experimentez : mais encores à si bien dispencer le reste de ses bonnes heures, qu'elle l'aye employé à toutes bonnes lettres, par lesquelles elle avoit eu premierement entiere et familiere congnoissance des plus louables vulgaires (oultre le sien) comme du Thuscan, et Castillan, tant, que sa plume en pouvoit faire foy : et apres avoir jà bien avant passé les Rudimentz de la langue Latine aspirant à la Grecque (si la Lampe de sa vie eust pu veiller jusques au soir de son eage) quand les Cieux nous enviantz tel heur la nous ravirent, ô Dames Lyonnoises, pour vous laisser achever ce qu'elle avoit si heureusement commencé : c'est à sçavoir de vous exerciter, comme elle, à la vertu : et tellement, que, si par ce sien petit passetemps elle vous a monstré le chemin à bien, vous la puissiez si glorieusement ensuyvre, que la memoire de vous puisse testifier à la Postérité de la docilité et vivacité des bons espritz, qu'en tous artz ce Climat Lyonnois a tousjours produict en tous sexes, voire assez plus copieusement, que guerre autre, que l'on sache. Qui est la cause, qui m'a meu, entre les autres persuasions, à vous communiquer ce peu de commencement, que son affectionné mary a trouvé parmy ses brouillars en assés povre ordre, comme celle, qui n'estimoit sa facture estre encor digne de lumiere jusques à ce que le temps la luy eust par frequent estude et estendue et lymée. Et pource en la mesme sorte que luy et moy avons trouvé Epigrammes, Chansons et autres diverses matieres de divers lieux et plusieurs papiers confusément extraictz, les vous avons icy, quasi comme pour copie, mis en évidence, tant pour satisfaire à ceulx, à qui privément en maintes bonnes compaignies, elles les recitoit à propos, comme la plus part faictz à leur occasion, que aussi pour ne vouloir perdre soubz silence d'éternel oubly chose, qui vous peust non seulement recreer, mais faire honneur à vous, Dames Lyonnoises, et vous faire priser en maintes contrées toutes les fois, que ces petites, et louables jeunesses siennes seront en grande admiration leiies de tous. Et quand ce ne seroit, qu'elles pourront inciter quelcune de vous, ou d'ailleurs, et l'animer aux lettres, pour participer de ce grand et immortel los, que les Dames d'Italie se sont aujourd'huy acquis, et tellement, que par leurs divins escrits elles ternissent le lustre de maints hommes doctes, et comme en France semblablement tant d'honnestes et vertueuses Dames, et Damoiselles s'y adonnent avec une grande expectation de leur perpétuelle renommée au grand honneur, et louange de tout de Royaulme : et quand ce ne seroit (rediray je) que pour toutes ces justes, et louables occasions, ne devrois-je estre jugé ingrat, ce petit esguillon de vous poulser à plus hault bien en perpetuelle recommandation de vostre renommée ? Certainement il n'est celui (pour dépravé jugement qu'il aye) qui ne m'en d'eust à bonne occasion blasmer, comme larron de l'honneur, et publique louange de vostre sexe. Et si d'avanture se trouve quelque bigerre cerveau (comme communement la vertu ne va jamais seule sans envie) qui vueille prendre cecy en mauvaise part, pour n'en sçavoir aultant faire, n'y en approcher cent lieues pres, je vous supply croire, que toute personne de bon et sain entendement, sçait tres bien comme vous. Dames bonnes, et vertueuses, feront tousjours bien leur prouffit en tout, et par tout : car il n'est si petite, ne si meschante chose, dont on ne puisse tirer quelque peu de bien, et utilité, qui l'y vouldra chercher, et le prendre en bonne intention. Et pource, quand vous orrez détracter l'envie pour vous descourager, et d'estourner de bien faire, souvienne vous, qu'il fault necessairement que les Asnes voisent tousjours à leurs chardons, et à Dieu mes Dames, en grace de qui j'ay mieulx aymé desplaire aux malingz, que, en leur complaisant, vous faire tort.

De Lyon, ce XIII d'Aoust, 1545.

EPIG. II

La nuict estoit pour moy si tesobscure
Que Terre, et Ciel elle m'obscurissoit,
Tant qu'à Midy de discerner figure
N'avois pouvoir, qui fort me marissoit :
    Mais quand je vis que l'aulbe apparoissoit

En couleurs mille et divers, et seraine,
Je me trouvay de liesse si pleine
(Voyant desjà la clarté à la ronde)
Que commençay louer à vois haultaine
Celui qui feit pour moy ce Jour au Monde.

EPIG. III

Ce grand renom de ton meslé sçavoir
Demonstre bien, que tu es l'excellence
De toute grâce exquise, pour avoir
Tous dons des Cieulx en pleine jouyssance.
    Peu de sçavoir, que tu fais grand nuysance
A mon esprit, qui na l'a promptitude
De mercier les Cieulx pour l'habitude
De celuy là, où les trois Graces prinses
Contentes sont de telle servitude
Par les vertus, qui luy sont comprinses.

EPIG. IV[7]

Esprit celeste, et des Dieux transformé
En corps mortel transmis en ce bas Monde,
A Apollo peulx estre conformé
Pour la vertu, dont es la source, et l'onde.
Ton eloquence, avecques ta faconde,
Et hault sçavoir, auquel tu es appris,
Demonstre assez le bien en toy compris :
Car en doulceur ta plume tant fluante
A mérité d'empmorter gloire, et prys,
Voyant ta veine en hault stile affluante.

EPIG. V

Puis qu'il t'a pleu de me faire congnoistre.
Et par ta main, le VICE A SE MUER,
Je tascheray faire en moy ce bien croistre,
Qui seul en toy me pourra transmuer :
C'est à sçavoir de tant m'esvertuer

Que congnoistras, que par esgal office
Je fuiray loing d'ignorance le vice,
Puis que désir de me transmuer as
De noire en blance, et par si hault service
En mon erreur CE VICE MUERAS.

EPIG. XVI

L'ame et l'esprit sont pour le corps orner,
Quand le vouloir de l'Eternel nous donne
Sens, et sçavoir pour pouvoir discerner
Le bien du bien, que la raison ordonne :
Parquoy, si Dieu de telz biens te guerdonne,
Il m'a donné raison, qui a pouvoir
De bien juger ton heur, et ton sçavoir.
Ne trouve donc chose si admirable,
Si à bon droict te desirent de veoir
Le Corps, l'Esprit, et l'Ame raisonnable.

EPIG. XIX

Je te promis au soir, que pour ce jour
Je m'en irois à ton instance grande
Faire chés toy quelque peu de sejour :
Mais je ne puis : parquoy me recommande,
Te promectant m'acquicter pour l'amande,
Non d'un seul jour, mais de toute ma vie,
Ayant tousjours de te complaire envie.
Donc te supply accepter le vouloir
De qui tu as la pensée ravie.
Par tes vertus, ta grace, et ton sçavoir.

EPIG. XX

Sçais tu pourquoy de te veoir j'euz envie ?
C'est pour ayder à l'ouvrier, qui cessa,
Lors qu'assembla en me donnant la vie,
Les differentz, où après me laissa.
Car m'esbauchant Nature s'efforça

D'entendre, de veoir pour nouvelle ordonnance
Ton hault sçavoir, qui m'accroist l'esperance
Des Cieulx promise, ainsi que je me fonde,
Que me feras avoir la congnoissance
De ton esprit, qui esbahit le Monde.

EPIG. XXIV

A qui est plus un Amant obligé
Ou à Amour, ou vrayment à sa Dame ?
Car son service est par eulx redigé
Au ranc de ceulx qui ayment los, et fame.
    A luy il doibt le cueur, à elle l'Ame :
Qui est autant comme à tous deux la vie :
L'un à l'honneur, l'autre à bien le convie :
Et toutesfois voicy un tresgrand poinct,
Lequel me rend ma pensée assouvie :
C'est que sans Dame Amour ne seroit point.

EPIG. VI

Par ce dizain clerement je m'accuse
De ne sçavoir tes vertus honnorer,
Fors du vouloir, qui est bien maigre excuse :
Mais qui pourroit par escript decorer
Ce qui de soy se peult faire adorer ?
    Je ne dy pas, si j'avois ton pouvoir,
Qu'à m'acquicter ne feisse mon debvoir,
A tout le moins du bien que tu m'advoues.
    Preste moy donc ton eloquent sçavoir
Pour te louer ainsi que tu me loues !

EPIG. VIII

Jà n'est besoing que plus je me soucie
Si le jour fault, ou que vienne la nuict,
Nuict hyvernale, et sans Lune obscurcie :
Car tout cela certes riens ne me nuit,
Puis que mon Jour par clarté adoulcie

M'esclaire toute, et tant, qu'à la mynuict
En mon esprit me faict appercevoir
Ce que mes yeulx ne sceurent oncques veoir.

EPIG. XIII

L'heur de mon mal, enflammant le desir,
Feit distiller deux cueurs en un debvoir :
Dont l'un est vif pour le doulx desplaisir,
Qui faict que Mort tient l'autre en son pouvoir.
Dieu aveulgé, tu nous as faict avoir
Du bien le mal en effect honnorable :
Fais donc aussi, que nous puissions avoir
En noz espritz contentement durable !

EPIG. XIV

Le grand desir du plaisir admirable
Se doit nourrir par un contentement
De souhaicter chose tant agreable,
Que tout esprit peult ravir doulcement.
O que le faict doit estre grandement
Remply de bien, quand pour la grande envie
On veult mourir, s'on ne l'a promptement :
Mais ce mourir engendre une autre vie.

EPIG. XV

Pour contenter celuy qui me tourmente,
Cherche ne veulx remede à mon tourment :
Car, en mon mal voyant qu'il se contente,
Contente suis de son contentement.

EPIG. XXV

Or qui en a, ou en veult avoir deux,
Comment peult il faire deux Amours naistre ?
Je ne dy pas, que ne puisse bien estre

Un cueur plus grand, que croire je ne veulx :
Mais que tout seul il satisfeit à eulx,
Cela n'a point de resolution ;
Qui sceust absouldre, ou clorre ma demande :
Croist le desir, telle obligation
    Et toutesfois ainsi qu'affection
Peult Dame avoir à la Vertu si grande,
Que de l'Amant la qualité demande
Double merite, ou double passion.

EPIG. XXVIII

Si je ne suis telle que soulois estre,
Prenez vous en au temps, qui m'a appris
Qu'en me traictant rudement, comme maistre,
Jamais sur moy ne gaignerez le prys.
    Et toustefois, vous voyant tousjours pris
En mon endroit, vostre ardeur me vonyc
Par ce hault bien, que de vous j'ay compris,
A demeurer vostre toute ma vie.

EPIG. XXXI

Je ne croy point ce que vous deites :
Que tant de bien me desiriez,
Comme à celle, pour qui vous feites
Ce que pour vous faire debvriez.
    Mais quelle plus estimeriez :
Ou celle qui, d'un cueur tremblant,
N'ose dire ce que vouldriez,
Ou qui le dict d'un faulx semblant ?

Essai d'interprétation du rêve de Pernette :

« *Tout au plus près de la claire fontaine* »

La nymphe Salmacis qui régnait sur la fontaine du même nom, était éprise du bel Hermaphrodite (fils d'Hermès et d'Aphrodite), qu'elle poursuivait dans les eaux de son propre domaine, d'un amour à la fois pur et ardent. Son vœu ayant été exaucé par les dieux, elle fut unie pour toujours à son idole. Les deux amants furent alors confondus, corps et âme, dans un être unique d'une grande beauté. Cf. *Les Métamorphoses* d'Ovide : « *Mixta uorum corpora juguntur, faciesque inducitur illis una* ». Cette légende rejoint le mythe de l'*Androgyne* si cher à l'Ecole lyonnaise.

La gravure ci-après pourrait bien correspondre à une parodie « inversée » du rêve de Pernette, dans une interprétation plus conforme à la vérité psychologique (voir l'Elégie II, ci-dessous). Tout en se donnant l'apparence de se refuser à l'union des corps, notre rêveuse n'avait pas hésité à se jeter : « *toute nue dans les eaux de la claire fontaine* ». Cependant, bien qu'elle se fût ainsi, métamorphosée en nymphe, Pernette demeurait, malgré tout, platonicienne et lyonnaise. A travers le mirage embelli de son amour pour Maurice Scève, notre amoureuse, nouvelle Salmacis, aspirait par-dessus tout à l'union des âmes :

Laissez le aller, qu'Apollo je n'irrite
Le remplissant de Déité profonde
Pour contre moi susciter tout le Monde.
Lequel un jour par ses écrits s'attend
D'être avec moi et heureux et content.

(Voir ci-après, fig. 8)

ELEGIE II

Combien de fois ay-je en moy souhaicté
Me rencontrer sur la chaleur d'esté
Tout au plus pres de la clere fontaine,
Où mon desir avec cil se pourmaine
Qui exercite en sa philosophie
Son gent esprit, duquel tant je me fie
Que ne craindrois, sans aucune maignie,
De me trouver seule en sa compagnie :
Que dy-je : seule ? ainsi bien accompaignée
D'honnesteté, que Vertu a gaignée

FIG. 8. — La nymphe Salmacys poursuivant Hermaphrodite dans les eaux de son domaine

A Apollo, Muses, et Nymphes maintes,
Ne s'adonnantz qu'à toutes œuvres sainctes.
Là quand j'aurois bien au long veu son cours,
Je le lairrois faire appart ses discours :
Puis peu à peu de luy m'escarterois,
Et toute nue en l'eau me gecterois :
Mais je vouldrois lors quant, et quant avoir
Mon petit Luth accordé au debvoir,
Duquel ayant congneu, et pris le son,
L'entonnerois sur luy une chanson
Pour un peu veoir quelz gestes il tiendroit :
Mais si vers moy il s'en venoit tout droict,
Je le lairrois hardyment approcher :
Et s'il vouloit, tant soit peu, me toucher,
Lui gecterois (pour le moins) ma main pleine
De la pure eau de la clere fontaine,
Lui gectant droict aux yeulx, ou à la face.
O qu'alors eust l'onde telle efficace
De le pouvoir en Acteon muer,
Non toutefois pour le faire tuer,
Et devorer à ses chiens, comme Cerf ;
Mais que de moy se sentist estre serf,
Et serviteur transformé tellement
Qu'ainsi cuydast en son entendement
Tant que Dyane en eust sur moy envie,
De luy avoir sa puissance ravie.

CHANSON IX

Je suis la Journée,
Vous, Amy, le Jour,
Qui m'a destournée
De fascheux séjour.
D'aymer la Nuict certes je ne veulx point,
Pource qu'à vice elle vient toute appoint :
Mais à vous toute estre
Certes je veulx bien,
Pource qu'en vostre estre
Ne gist que tout bien.
Là où en tenebres
On ne peult rien veoir

Que choses funebres,
Qui font peur avoir,
  On peult de nuict encor se resjouyr
De leurs amours faisant amantz jouyr :
    Mais la jouyssance
    De folle pitié
    N'a point de puissance
Sur nostre amytié,
      Veu qu'elle est fondée
    En prospérité
    Sur Vertu sondée
    De toute équité.
  La nuict ne peult un meurtre declarer,
Comme le jour, qui vient à esclairer
    Ce que la nuict cache,
    Faisant mille maulx,
    Et ne veult qu'on sache
    Ses tours fins, et caultz.
      La nuict la paresse
    Nourrit, qui tant nuit :
    Et le jour nous dresse
    Au travail, qui duit.
  O heureux jour, bien te doit estimer
Celle qu'ainsi as voulu allumer,
    Prenant tousjours cure Reduire à clarté
    Ceulx que nuict obscure
    Avoit escarté !
      Ainsi esclairée
    De si heureux jour,
    Seray asseurée
    De plaisant sejour.

CHANSON III

O vraye amour, dont je suis prise,
Comment m'as tu si bien apprise,
Que de mon Jour tant me contente,
Que je n'en espere autre attente,
Que celle de ce doulx amer,
Pour me guerir du mal d'aymer ?

Du bien j'ay eu la jouyssance,
Dont il m'a donné congnoissance
Pour m'asseurer de l'amytié,
De laquelle il tient la moytié :
Doncques est il plus doulx, qu'amer,
Helas, amy, en ton absence
Je ne puis avoir asseurance
Que celle dont (pour son plaisir)
Amour cault me vient dessaisir
Pour me surprendre, et desarmer :
Gueris moy donc du mal d'aymer !

CHANSON VII[8]

Qui dira ma robe fourrée
De la belle pluye dorée
Qui Daphnés enclose esbranla :
Je ne sçay rien moins, que cela,
Qui dira qu'à plusieurs je tens
Pour en avoir mon passetemps,
Prenant mon plaisir çà, et là :
Je ne sçay rien moins, que cela.
Qui dira que t'ay revelé
Le feu long temps en moy célé
Pour en toy veoir si force il a :
Je ne sçay rien moins, que cela.
Qui dira que, d'ardeur commune
Qui les Jeunes gentz importune,
De toy je veulx, et puis holà :
Je ne sçay rien moins que cela.
Mais qui dira, que la Vertu

Dont tu es richement vestu,
En ton amour m'estincella :
Je ne sçay rien mieulx, que cela.
Mais qui dira que d'amour saincte
Chastement au cueur suis attaincte,
Qui mon honneur onc ne foula :
Je ne sçay rien mieulx, que cela.

CHANSON I

J'ay esté par un long temps
Decueu de l'esperance :
Et si encor point n'attens
D'elle plus grand'asseurance,
Que celle là, que ma foy
Me peult promettre de soy.
Je voy les uns fort contents,
Les autres pleins de souffrance :
De ceulx là les rys j'entens,
De ceulx cy la douleance !
Ces passions j'apperçoy
Regner toutes deux en moy,
Je rys du bien, où je tens
En tresgrand' resjouyssance :
Et pleure, que je pretens
Qu'un autre en ayt jouyssance :
Ce que de mes yeulx je voy,
Et à grand'peine le croy.
Toutesfois tel passetemps
Me donne encore confiance,
Qu'un jour je verray le temps,
Que cil fera la vengeance
Du mal qu'il m'a faict de soy
Au bien où je me deçoy.

CHANSON II

Quand vous voyez que l'estincelle
De chaste Amour soubs mon esselle
Vient tous les jours à s'allumer,
Ne me debvez vous bien aymer ?
Quand vous me voyez tousjours celle,
Qui pour vous souffre, et son mal cele,
Me laissant par luy consumer,
Ne me debvez vous bien aymer ?
Quand vous voyez, que pour moins belle
Je ne prens contre vous querelle,
Mais pour mien vous veulx reclamer,
Ne me debvez vous bien aymer ?

Quand pour quelque autre amour nouvelle
Jamais ne vous seray cruelle,
Sans aucune plaincte former
Ne me debvez vous bien aymer ?

Quand vous verrez que sans cautelle
Tousjours vous serays esté telle
Que le temps pourra affermer,
Ne me debvrez vous bien aymer ?

EPIG. XXXII

L'un vous ayme, et si ne peult sçavoir
Qu'Amour luy soit ou propice, ou contraire :
L'autre envers vous faict si bien son debvoir,
Que plus ne sçait, où vous doibve complaire.
Or je me demande en si doubteux affaire
A quelle vous debvez estre tenu ?
Car celle là d'un cueur simplement nu
Pour vous se oublie, et pour soy pensive est :
Et ceste cy, taschant par le menu
A vous gaigner, de son bien se desvest.

EPIG. XXXV

Si j'ayme cil, que je debvrois hayr,
Et hays celuy, que je devrois aymer,
L'on ne s'en doit autrement esbayr,
Et ne m'en deust aucun en rien blasmer.
Car de celuy le bien dois estimer,
Et si me fuict, comme sa non semblable :
Mais de cestuy le plaisir trop damnables
M'oste le droict par la Loy maintenu.
Voilà pourquoy je me sens redevable,
A celuy là, qui m'est le moins tenu.

NOTES

1. V.L. Saulnier, *Etude sur Pernette du Guillet et ses Rymes*, Bibl. Hum. et Renaissance, 1944, pp. 7-119.

2. A. Baur, *Maurice Scève et la Renaissance lyonnaise*, H. Champion, Paris, 1906.

3. Voir la Chanson VII, p. 302.

4. Voir V.L. Saulnier, *loc. cit.*

5. Joseph Buche, *Pernette du Guillet et la Délie de Maurice Scève*. Mélanges de philosophie offerts à Ferdinand Brunot, Paris, pp. 33-39.

6. Voir à ce sujet l'épigramme V.

7. Voir *Rymes*, épigr. XXXV : « *Si j'aime cil que je devrais haïrt Et haïs celui que je devrais aimer. L'on ne s'en doit autrement ébahir* ».

8. Voir *Délie*, 170e dizain : « *Ma dame et moi jouant emmi un pré* ».

9. Voir *Délie*, 286e dizain.

10. Voir *Délie*, 221e dizain : « *Sur le printemps que les aloses montent, — ma dame et moi sautons dans un bateau.* »

11. Voir *Délie*, 277e dizain.

12. Voir le texte de la lettre de du Moulin, pp. 290-292.

13. Cette formule de Paul Claude éclaire singulièrement la position de Pernette à l'égard de son maître. Image de l'eau pure, c'est avec un sentiment d'offrande admirative que la jeune poétesse s'adressait à Maurice Scève qui symbolisait pour elle la lumière du soleil. Elle l'appelait « *mon jour* » !

14. *Rig Veda*, Prières, traduction L. Renou, Paris, 1938.

15. Voir épigramme XX, p. 297.

16. V.L. Saulnier, *loc. cit.*, étude sur Pernette du Guillet.

17. René Huyghes, *Ombre et lumière*, édit. Desclée de Brouwer, 1961, p. 21.

18. On comparera cette chanson et ces aveux à l'élégie II de Louise Labé où elle exprime, de semblable façon, sa fidélité à l'inconstant Olivier du Magny.

19. Du mal d'aimer, c'est-à-dire de la mauvaise façon d'aimer.

20. Cette attitude de Pernette est bien différente de celle de Louise Labé qui, dans une tout autre direction, est beaucoup plus exigente que Pernette. Certes on doit accorder à la Belle Cordelière son désir, clairement exprimé, de l'union des âmes, mais cette communion doit en quelque sorte parachever en la glorifiant et en la scellant, la joie profonde issue de l'union des corps.

21. Le lecteur lira avec intérêt le dizain 133 dans lequel Maurice Scève fait allusion à cette promesse et à son espoir déçu.

22. Ce dernier vers rappelle un proverbe latin « *Sine Cerere et Libero friget venus* » cité par Terence (*Eunuchus*, acte IV, scène 5, vers 733). Millery est un village situé à trois heures de Lyon. Les hivers de 1543 et 1544 ayant été très rigoureux, ce quatrain de Pernette a peut-être été composé vers cette époque. Note extraite de l'édition des *Rymes* par Victor Grahm, Droz, 1968, p. 30.

BIBLIOGRAPHIE

Ce petit ouvrage n'a aucune prétention à l'érudition. Il se présente comme un résumé de nos réflexions personnelles sur l'attitude et les états d'âme de Pernette du Guillet qui, sous le nom de Délie, fut la divine inspiratrice de Maurice Scève.

Les références bibliographiques essentielles ont été précisées, soit dans le texte de ce livre, soit dans les notes.

INDEX DES NOMS CITÉS

TABLE DES MATIÈRES

Enfant chassant au faucon, symbole de l'amour victorieux.
Gravure du xve siècle aimablement offerte par le musée Calvet d'Avignon.

Achevé d'imprimer
sur les presses de la
S N I Jacques et Demontrond
25220 ZI Thise/Besançon
dépôt légal mai 1991 nº 11442

Imprimé en France